陳福成著

陳福成著作全編

第十八冊　赤縣行腳・神州心旅

文史哲出版社印行

國家圖書館出版品預行編目資料

陳福成著作全編 / 陳福成著. -- 初版. --臺北市：文史哲,民 104.08
頁： 公分
ISBN 978-986-314-266-9（全套：平裝）

848.6 104013035

陳福成著作全編

第十八冊　赤縣行腳．神州心旅

著　者：陳　福　成
出版者：文史哲出版社
http://www.lapen.com.tw
登記證字號：行政院新聞局版臺業字五三三七號
發行人：彭　正　雄
發行所：文史哲出版社
印刷者：文史哲出版社
臺北市羅斯福路一段七十二巷四號
郵政劃撥帳號：一六一八○一七五
電話886-2-23511028．傳真886-2-23965656

全 80 冊定價新臺幣 36,800 元

二○一五年（民一○四）八月初版

ISBN 978-986-314-266-9 08981

陳福成著作全編總目

總序：陳福成的一部文史哲政兵千秋事業

陳福成先生，祖籍四川成都，一九五二年出生在台灣省台中縣。筆名古晟、藍天、司馬千、鄉下人等，皈依法名：本肇居士。一生除軍職外，以絕大多數時間投入寫作，範圍包括詩歌、小說、政治（兩岸關係、國際關係）、歷史、文化、宗教、哲學、兵學（國防、軍事、戰爭、兵法），及教育部審定之大學、專科（三專、五專）、高中（職）等各級學校國防通識（軍訓課本）十二冊。以上總計近百部著作，目前尚未出版者尚約二十部。

我的戶籍資料上寫著祖籍四川成都，小時候也在軍眷長大，初中畢業（民57年6月），投考陸軍官校預備班十三期，三年後（民60）直升陸軍官校正期班四十四期，民國六十四年八月畢業，隨即分發野戰部隊服役，到民國八十三年四月轉台灣大學軍訓教官。到民國八十八年二月，我以台大夜間部（兼文學院）主任教官退休（伍），進入全職寫作高峰期。

我年青時代也曾好奇問老爸：「我們家到底有沒有家譜？」

他說：「當然有。」他肯定說，停一下又說：「三十八年逃命都來不及了，現在有個鬼啦！」

兩岸開放前他老人家就走了，開放後經很多連繫和尋找，真的連鬼都沒有了，茫茫無垠的「四川北門」，早已人事全非了。

但我的母系家譜卻很清楚，母親陳蕊是台中縣龍井鄉人。她的先祖其實來台不算太久，按家譜記載，到我陳福成才不過第五代，大陸原籍福建省泉州府同安縣六都施盤鄉馬巷。

第一代祖陳添丁、妣黃嫣名申氏。從原籍移居台灣島台中州大甲郡龍井庄龍目井字水裡社三十六番地，移台時間不詳。陳添丁生於清道光二十年（庚子，一八四〇年）六月十二日，卒於民國四年（一九一五年），葬於水裡社共同墓地，坐北向南，他有二個兒子，長子昌，次子標。

第二代祖陳昌（我外曾祖父），生於清同治五年（丙寅，一八六六年）九月十四日，卒於民國廿六年（昭和十二年）四月二十二日，葬在水裡社共同墓地，坐東南向西北。陳昌娶蔡匏，育有四子，長子平、次子豬、三子波、四子萬芳。

第三代祖陳平（我外祖父），生於清光緒十七年（辛卯，一八九一年）九月二十五日，卒於（年略記）二月十三日。陳平娶彭宜（我外祖母），生光緒二十二年（丙申，一八九六年）六月十二日，卒於民國五十六年十二月十六日。他們育有一子五女，長子陳火，長女陳變、次女陳燕、三女陳蕊、四女陳品、五女陳鶯。

以上到我母親陳蕊是第四代，到筆者陳福成是第五代，與我同是第五代的表兄弟姊妹共三十二人，目前大約半數仍在就職中，半數已退休。

寫作是我一輩子的興趣，一個職業軍人怎會變成以寫作為一生志業，在我的幾本著作都詳述（如《迷航記》、《台大教官興衰錄》、《五十不惑》等」。我從軍校大學時代開始寫，從台大主任教官退休後，全力排除無謂應酬，更全力全心的寫（不含為教育部編著的大學、高中職《國防通識》十餘冊）。我把《陳福成著作全編》略為分類暨編目如下：

壹、兩岸關係

①《決戰閏八月》②《防衛大台灣》③《解開兩岸十大弔詭》④《大陸政策與兩岸關係》。

貳、國家安全

⑤《國家安全與情治機關的弔詭》⑥《國家安全與戰略關係》⑦《國家安全論壇》。

參、中國學四部曲

⑧《中國歷代戰爭新詮》⑨《中國近代黨派發展研究新詮》⑩《中國政治思想新詮》⑪《中國四大兵法家新詮：孫子、吳起、孫臏、孔明》。

肆、歷史、人類、文化、宗教、會黨

⑫《神劍與屠刀》⑬《中國神譜》⑭《天帝教的中華文化意涵》⑮《奴婢妾匪到革命家之路：復興廣播電台謝雪紅訪講錄》⑯《洪門、青幫與哥老會研究》。

伍、詩〈現代詩、傳統詩〉、文學

⑰《幻夢花開一江山》⑱《赤縣行腳‧神州心旅》⑲《「外公」與「外婆」的詩》、⑳《尋找一座山》㉑《春秋記實》㉒《性情世界》㉓《春秋詩選》㉔《八方風雲性情世界》㉕《古晟的誕生》㉖《把腳印典藏在雲端》㉗《從魯迅文學醫人魂救國魂說起》㉘《60後詩雜記詩集》。

陸、現代詩（詩人、詩社）研究

㉙《三月詩會研究》㉚《我們的春秋大業：三月詩會二十年別集》㉛《中國當代平民詩人王學忠》㉜《讀詩稗記》㉝《嚴謹與浪漫之間》㉞《一信詩學研究：解剖一隻九頭詩鵠》㉟《囚徒》㊱《胡爾泰現代詩臆說》㊲王學忠籲天詩錄。

柒、春秋典型人物研究、遊記

㊳《山西芮城劉焦智「鳳梅人」報研究》㊴《在「鳳梅人」小橋上》㊵《我所知道的孫大公》㊶《孫大公思想主張手稿》㊷《金秋六人行》㊸《漸凍勇士陳宏》。

捌、小說、翻譯小說

㊹《迷情・奇謀・輪迴》㊺《愛倫坡恐怖推理小說》。

玖、散文、論文、雜記、詩遊記、人生小品

㊻《一個軍校生的台大閒情》㊼《古道・秋風・瘦筆》㊽《頓悟學習》㊾《春秋正義》㊿《公主與王子的夢幻》51《迴游的鮭魚》52《男人和女人的情話真話》53《台灣邊陲之美》54《最自在的彩霞》55《梁又平事件後》。

拾、回憶錄體

56《五十不惑》57《我的革命檔案》58《台大教官興衰錄》59《迷航記》60《最後一代書寫的身影》61《我這輩子幹了什麼好事》62《那些年我們是這樣寫情書的》63《那些年我們是這樣談戀愛的》64《台灣大學退休人員聯誼會第九屆理事長記實》。

拾壹、兵學、戰爭

65《孫子實戰經驗研究》66《第四波戰爭開山鼻祖賓拉登》。

拾貳、政治研究

(67)《政治學方法論概說》(68)《西洋政治思想概述》(69)《中國全民民主統一會北京行》(70)《尋找理想國：中國式民主政治研究要綱》。

拾參、中國命運、喚醒國魂

(71)《大浩劫後：日本311天譴說》、《日本問題的終極處理》(72)《台大逸仙學會》。

拾肆、地方誌、地區研究

(73)《台北公館台大地區考古・導覽》(74)《台中開發史》(75)《台北的前世今生》(76)《台北公館地區開發史》。

拾伍、其他

(77)《英文單字研究》(78)《與君賞玩天地寬》（別人評論）(79)《非常傳銷學》(80)《新領導與管理實務》。

我這樣的分類並非很確定，如《謝雪紅訪講錄》，是人物誌，但也是政治，更是歷史，說的更白，是兩岸永恆不變又難分難解的「本質性」問題。

以上這些作品大約可以概括在「中國學」範圍，如我在每本書扉頁所述，以「生長在台灣的中國人為榮」，以創作、鑽研「中國學」，貢獻所能和所學為自我實現的途徑，以宣揚中國春秋大義、中華文化和促進中國和平統一為今生志業，直到生命結束。我這樣的人生，似乎滿懷「文天祥、岳飛式的血性」。

抗戰時期，胡宗南將軍曾主持陸軍官校第七分校（在王曲），校中有兩幅對聯，一是「升官發財請走別路、貪生怕死莫入此門」，二是「鐵肩擔主義、血手寫文章」。前聯原在廣州黃埔，後聯乃胡將軍胸懷，「鐵肩擔主義」我沒機會，但「血手寫文章」的

「血性」俱在我各類著作詩文中。

人生無常，我到六十三歲之年，以對自己人生進行「總清算」的心態出版這套書。

回首前塵，我的人生大致分成兩個「生死」階段，第一個階段是「理想走向毀滅」，年齡從十五歲進軍校到四十三歲，離開野戰部隊前往台灣大學任職中校教官。第二個階段是「毀滅到救贖」，四十三歲以後的寫作人生。

「理想到毀滅」，我的人生全面瓦解、變質，險些遭到軍法審判，就算軍法不判我，我也幾乎要「自我毀滅」；而「毀滅到救贖」是到台大才得到的「新生命」，我積極寫作是從台大開始的，我常說「台大是我啟蒙的道場」有原因的。均可見《五十不惑》、《迷航記》等書。

我從年青立志要當一個「偉大的軍人」，為國家復興、統一做出貢獻，為中華民族的繁榮綿延盡個人最大之力，卻才起步就「死」在起跑點上，這是個人的悲劇和不智，正好也給讀者一個警示。人生絕不能在起跑點就走入「死巷」，切記！切記！讀者以我為鑒！在軍人以外的文學、史政有這套書的出版，也算是對國家民族社會有點貢獻，對自己的人生有了交待，這致少也算「起死回生」了！

順要一說的，我全部的著作都放棄個人著作權，成為兩岸中國人的共同文化財，而台北的文史哲出版有優先使用權和發行權。

這套書能順利出版，最大的功臣是我老友，文史哲出版社負責人彭正雄先生和他的夥伴們。彭先生對中華文化的傳播，對兩岸文化交流都有崇高的使命感，向他和夥伴致上最高謝意。

台北公館蟾蜍山萬盛草堂主人　陳福成　誌於二〇一四年五月榮獲第五十五屆中國文藝獎章文學創作獎前夕

赤縣行腳 神州心旅

迴盪千載的夢魂遊蹤

陳福成｜著

自序

關於本書：神州大地的千載行腳心旅遊蹤

這是一本我遊走神州大地的「詩情畫意」，範圍廣達神州大地河海江洋千萬里，時間穿透時空五千年。

第一輯「西湖春曉　黃山導遊」：是我第一次面見「千載未曾謀面的老娘」的地方，雖千年未見，且老娘真的很老，但終究是老娘。一見面就很親切，沒有陌生的感覺。西湖、黃山，依舊是老娘的經典之美。

第二輯「北京的天空　探索一顆心」：這裡向來是神州大地的心臟，自古以來，華夏子民是否平安健康？炎黃子孫是否強大繁榮？只須在北京聽聽「心跳」，量量「血壓」，便知吾國吾民概況。

第三輯「神州心靈旅痕　夢魂迴盪千載」：乘我的「詩船」，快速心賞神州上百盛景，包括珠穆朗瑪、泰山、華山、天池、喀納斯湖、黃果樹、火焰山、九寨溝、祁連山、龍門石窟……

第四輯「涿鹿神州　為何而戰？」：再乘我的「詩光機器」，穿透時空，回到五千年前，面見炎、黃二帝，自「涿鹿之戰」後，在神州大地發生的五十二次關鍵戰役，一詩賦一戰。

本書在編排上，除詩文外，採用部分在神州大地各盛景所拍的照片，一為閱讀上的輕鬆，更盼帶給讀者有視覺上的美感。

《序詩：之一》

相思

半生尋尋覓覓
只想著尋流溯源，追根究底
終於來到秋水之湄和葡萄園鄉
滿山遍野都是奇花異草
個個都是人中龍象
可我，獨愛那

雁翼、木斧、沙馬、魯川、李明馨和蔣明英
華心、穆仁、段焰、荒田、何夕報和蔣登科

我逐一審視、閱讀或縱橫切片
恨不得把他們一個個都釀成一罈酒
才能解我半世之相思苦
但終究是杯水車薪
遠水救不了近火
就讓那相思情燒了吧！

只因老爸說五十多年前自天府之國來
那一絲絲血脈，燃起的相思情

就算一夜飲盡整鐔酒
飲盡秋水和滿園葡萄蜜汁
又能如何？相思依舊

寫於老爸來台第五十六年，公元二〇〇六年夏日
發表於「秋水詩刊」，一三一期

《序詩：之二》

誰是永恆

在春秋大義面前
夏商周秦漢三國晉
南北朝隋唐五代
宋元明清
全都垮了

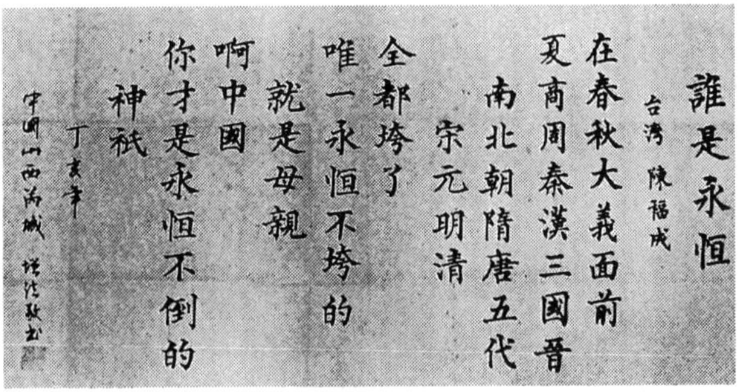

詩作　台灣　陳福成
書法　大陸山西芮城縣　劉增法

唯一永恆不垮的
就是母親
啊中國
你才是永恆不倒的
神祇

丁亥年　中國山西芮城　增法敬筆

目次

輯三 神州心靈旅痕 夢魂迴盪千載

輯四 涿鹿神州 為何而戰？

輯一

西湖春曉 黃山導遊

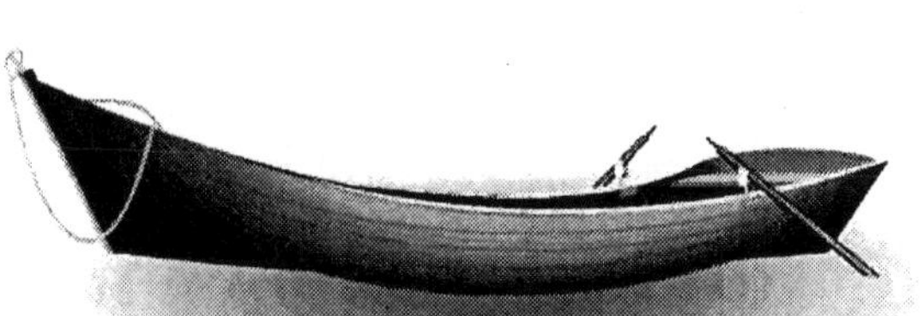

想我未曾謀面的老娘

第一次出國竟是回國
急著想看看我那未曾謀面的老娘
飛機一落地就有感覺
說不上來，似曾相識
無論如何！總是老娘
啊！中國
看到了妳，我就放心

二〇〇三年三月二十六日
初到杭州機場的感覺

西湖

曾在歷史時空中
魚雁往返的
情人
只在一封封甜言蜜語的情書
認識了妳
今日一見就有
六分因緣三分親切
留下一分讓我們各自努力

苦等五十年的第一眼印象
不僅似曾相見
夢中魚雁往返
情人，妳該也是
傳說中的親人吧！

二〇〇三年三月在西湖
第一眼印象

回想西湖當年

那時，似曾親眼目睹
兵荒馬亂的年代
北風南吹
狂飆颯颯
黃河長江之水向南奔流
一路上，王師驚惶潰逃
棄甲宵遁

杭州西湖岳王廟

直到穩住西湖
被西子姑娘的秀麗明媚所吸引
且消釋了北伐戰火
使風坡亭前，忠魂不散
西子姑娘免不了拿出絕活
以千年青春好好侍候岳武穆
共構成一幅西湖美景
成為中國永恆的史詩

二〇〇三年三月遊西湖
回想當年那一幕情景

西湖畔小酌偶感

坐在花中城藕香居一個角落
做白日夢
想著
八千里路雲和月
二十功名塵與土
都沒有機會實現的願望
如今這麼容易就
因緣具足
坐定西湖畔，與姑娘談情說愛

憑軒而望
舉一杯茶把遠山拉近
就在小山邊距雷峰塔不遠
許仙和白娘子打傘上岸
向著藕香居走來
過不久，一票人擺開陣勢
水淹金山寺的戲碼已經是落伍的思想

現在改革開放，積極幹活
門廳是法海坐堂
白娘子打理酒店

十二位美麗大方的小青一字排開
嫣然一笑，端菜上來
十二個少爺師哥忙裡忙外
原來是許仙哥哥們
看他們幹活的神情可以保證
神州興起

照這樣幹下去
遲早白花花的銀子淹過金山寺
淹過東洋、西洋人的腳目

二〇〇三年三月在西湖花中城藕香居小酌有感

蘇堤春曉

晨風疏理過的蘇堤
和東坡剛出爐的詩
那樣吸引人
小鳥唱歌跳舞
遊人如織
宋高宗的遊船也已飄來
長橋不長，斷橋不斷，孤山不孤

北伐已遠
湖上晨昏一樣度春秋

二〇〇三年三月在西湖蘇堤
想到一些歷史問題有感

斷代的疑惑

這一路上所見可奇了
明清古村落
原樣保留
夏商周遺址
似才出土
投過來的是
一波波滯鈍的問號
這是甚麼朝代了？

黃山附近的宏村古村。

一路辛苦
總算走過二十六朝代
就到了黃山獅林大酒店
換我投過去一波波疑惑的問號
這是超現代嗎？

二〇〇三年三月從杭州到黃山，
古代和現代同時出現在眼前，是奇也是憂。

杭州到黃山的半路上

一路顛簸已過七小時
聞說江山千萬里
就在前面一點點
隱隱約約，再好的眼力也是
望之不盡

下了車
兩腿使力的走

總算快要到山門
又覺得遙遠的地方
一顆心，普通、普通
門
就在前面一點點

二〇〇三年三月，那天從杭州乘遊覽車到黃山，覺得好遠，像出遠門很久，急著趕回家的遊子。

黃山導遊

飛龍在天，暫居黃山
九龍、飛龍、老龍
神龍見首不見尾
強龍也不壓地頭蛇
雞公、青蛙、猴子、獅子、鰲魚、蛤蟆
各有主權，各有一片天

這裡也是神仙居住的理想國

軒轅、仙人、神仙、道人、望仙、十八羅漢
仙女個個賽名模
簡直是人間天都
若你還是找不到，可到逢萊三島或
上半山寺，在月牙亭中有
仙人指路

慢慢走，不累，一上去
光明頂、慈光閣、芙蓉峰、翡翠池、曙光亭
或看看
桃花、蓮花、蓮蕊、夢筆生花
別以為黃山只能看山

有海、有雲、有瀑、有泉，應有儘有
西海、北海、天海、臥雲、雲外、人字瀑
三疊泉、百丈泉、飛來石和奇松異人
真是道不儘的百步雲梯、試劍醉石

看不完那九九八十一峰
峰峰相連通天都
蓮花不高眾峰簇擁
黃山不黃，天下第一紅

二〇〇三年三月
遊黃山筆記

蓮花峰

山在海上飄移
不久又浮上雲際
且有雪在山澗
而人
在虛無飄渺的空靈中
放眼望去
峰峰都是可以見證的
神話

霎時
蓮花朵朵開
有芬芳霑惠
此刻，人人都是可知可感的
神仙
面對一朵蓮花的微笑
此刻，我便是坐在蓮花上
一朵永恆的觀音

二〇〇三年三月在蓮花峰上看「蓮花」

讀一個景

峰
讀我，懂或不懂，不重要
關鍵不在你學問高低
看見了觀音跏趺便是
悟道

松
讀我，懂或不懂，不重要

從姿勢看我百年練舞的功力
從我彎腰的程度知
真誠

寺
讀我，懂不懂也都不重要
一路上讀著李杜便成詩人
不時聽聞傳來的法音也成
菩薩

二〇〇三年三月遊黃山看景

黃山之夜的夢境

一躺下來就進入五千年時空夢境
稍縱即逝的一小段情節
卻有一股力量
牽引著我
這一刻，一塊黃山土被無限上綱成
一千一百萬平方公里的中國
現在便是上古
先晉謁三皇五帝，請安問好

再拜見秦皇漢武，頌揚武功
一路求見下來
唐太宗、宋太祖……少不了客套一番
都那麼的熟悉
啊！原來以前都見過
就像一個個老朋友

二〇〇三年三月住
黃山獅林大酒店夢境印象

黃山看海

上黃山除了看山
也看海
雲海、天海，海天茫茫
九九八十一峰
海中浮浮沉沉
自由自在
飄著

波海無邊
群峰只顧著飄
各有定力，不會相撞
海上黃山
有道人、神仙、飛龍
可觀瀑、立馬、臥雲
這世界，何處
海在山中，上山看海

二〇〇三年三月在黃山
雲多雲美如在海上仙山

人在黃山中

轉一個彎
便是另一個世界，換一個空間
現在進入一座絕美空靈的夢境
境中有你，你在境中
各造早已物我兩忘

又上一梯，來到仙境
山峰雲霧飄飄然
分不清我在走路或誰在爬山！

這是自動飄移的世界
眼前一片靈異
驚奇　絕美

飄然過一峰

想要瞧個清楚
夥然　默默
看不清妳的容顏
只見遠處有倩影
引著遊人再過一峰

二〇〇三年三月人在黃山中一種感覺

輯二

北京的天空
探索一顆心

第一次的北京天空

飛機緩緩的接近北京天空
腦海中呈現頤和園的景象
那群頹廢的幽魂在何處飄泊
而老祖宗的靈氣
飄成朵朵雲彩拱起日昇之陽
此刻，蘆溝橋之恥未雪吧

一股巨大的力量

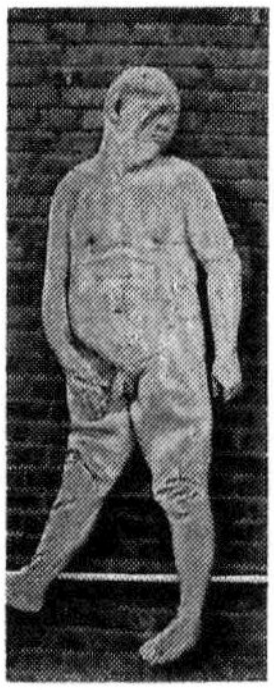

北京街頭現代藝術。
（2007年11月）

如宇宙最初的擴散
向四方延伸
擁抱新世紀

北京街頭現代藝術。
（2007年11月）

記二〇〇七年十一月初第一次飛臨北京天空的感受

探索那一顆心

這是第一次到北京
為甚麼那一顆心很激動？
為甚麼血液流速加快？
鐵定是炎黃中國心的緣故

一下飛機就想親吻土地
聞一聞小草的芳香
最重要的是傾聽那一顆心
從核心發出的聲音

是十三億顆中國心
雄壯的氣魄，高聳崛起的形象
也正是我的熱情

十三億顆心凝昇成一顆壯大的心
用我們的雄心壯志
奔向二〇〇八
辦一場三皇五帝以來最偉大的盛事
我看到一顆心

小記：二〇〇七年十一月二日晚上，在北京梅地亞飯店內，想著中國人終於要辦奧運了。此刻電視也正報導「嫦娥一號」奔月新聞，一顆心頓然澎湃起來。

北海公園

北海的晚風吟唱詩歌
遊人如醉
初冬　如春

御膳房的滿漢全席
慢慢品嚐
后妃宮女在旁侍候

蘆溝老橋

你誕生於金
一路走過千年
見証許多朝代興衰
你當過最離奇的終極証人經歷
就是七七事變了
倭奴寇國的鬼兵鬼將
竟在橋上撒野

你是一座橋也不甘受辱
起而喚醒中國魂
迫懾倭奴邪魔
我們犧牲無數生命財產
經八年而驅鬼
啊！老橋，有你在
我們永遠不怕鬼

在北京買到一張蘆溝橋老照片，神遊其上，
記於二〇〇七年底，台北。

圓明園

就算已是黃昏
仍然是太陽
萬園之園的東方凡爾賽宮
正是王者之尊

西方文明孕育的
強盜、土匪
在東方肆虐搶劫焚燬

現在太陽仍照耀着作案現場

國恥不能忘
作案現場不能毀屍滅跡
留住一口永久的警鐘
以警生生世世中華子民要爭氣

小記：第一次北京行，事先盤算着可有機會走一趟圓明園，因北京文聯行程多而未能親睹一八六〇年的西方土匪作案現場，但我對圓明園廢墟仍關心。近年對於是否修復、重建或保留現場，有很多爭議，但絕大多數中國人主張保留，我亦同感，國恥決不能忘，應讓圓明園廢墟成為「國恥紀念地」，成為民族永久警鐘，以警炎黃子孫。寫於二〇〇七年底台北。

長城新謠

堠臺、堡砦、戰壘、雉堞，還有
每一塊泥磚、石子、糯米和沙土
共同頂立在大漠荒原高山平原
一入定就是千百年
始終堅定凝結，醒時奔騰成
一條龍
也是中華民族最偉大的血淚史詩

風一路吹過來
春秋戰國的風聲日緊，戰鼓頻催
秦漢三國盛唐五代，何時沒有飆風颼颼
多少兵馬朝代消逝與亡
我仍見秦時明月漢時關
惟長城仍頂天立地

永恆的巨龍，在金戈鐵馬中
矛盾、衝突、頓悟、學習、整合又統一
巨龍又飛過宋元明清，昂望新世紀清風明月
此刻我，乘覽車直上
只見人龍舞動，經濟起飛

獨坐北京城

心思投射四極
統懾四方
薩彥嶺、噴赤河、曾母暗沙、台灣、琉球、倭奴王國
我的血肉是這片國土
從薊到北京都是我
在這裡
誰不想當朕

二〇〇七年十一月三日晚在北京
梅地亞飯店

北京紫禁城，午門和內金水河。

逛王府井

王府井人山人海
我佇立
看夜晚燈火
似祖宗魂影
腳下的土地在呼喚
夜深，有不一樣的聲音

啊！巨大的冰山
在王府井露出一角

二〇〇七年底北京歸來

北京歸來

之一：蹺蹺板

這邊上升，那邊下沉
那邊上升，這邊下沉
現在這邊一直沉沉沉
何時上升

之二：猿人

在北京

未見北京猿人
回來後見猿人快要長大
——徹底去中國化後

之三：一個機制

遙想當年遼、金、夏、滿……
爭相入關，入主中原
一入關便啟動了那個機制
亡國滅族

二〇〇八春於台北

輯三

神州心靈旅痕
夢魂迴盪千載

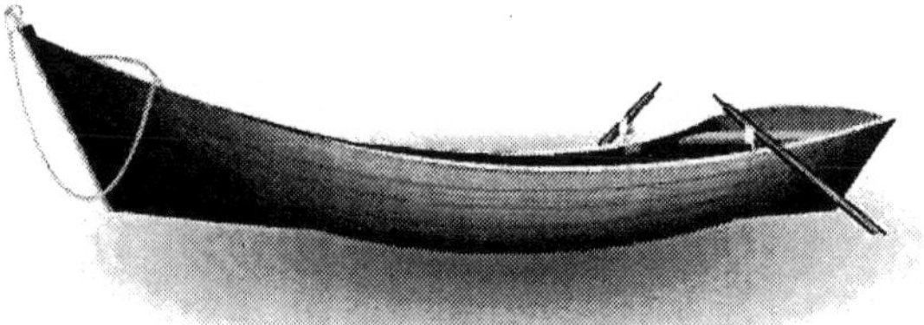

珠穆朗瑪峰（中國與尼泊爾交界）

珠穆朗瑪神女峰，
巍峨頂天是天工；
群峰攢動勢雄渾，
皚皚白雪恍幻中。

貢嘎山（四川省）

蜀山之王是貢嘎，
神鬼雕琢橫斷插；
冰峰連綿洁白雪，
香格里拉異拉撒。

博格達峰

（新疆、天山山脈東部）

天山明珠博格達，
三峰并起金字塔；
雲霄沖天勢不凡，
碧水藍天雪峰拔。

梅里雪山（雲南省德欽縣東）

雲之南有梅里雪，
三江并流湛藍美；
透迤北來十三峰，
佛子朝覲人不絕。

泰山（山東省中部）

東岳泰山雄奇絕，
五嶽獨尊峰累疊；
封禪祭天固政盤，
民族文化聚岱岳。

華山（陝西西安以東）

天下奇險第一峰，
斧劈刀削梯騰空；
鷂子翻身心胆寒，
西岳大帝鎮廟中。

峨嵋山（四川省）

秀麗端妝峨嵋美，
金頂日出情獨魅；
萬盞神燈朝普賢，
銀色世界植善業。

五台山（山西省東北部）

文殊菩薩鎮五台，
龍華赴會大家來；
華北屋脊清涼山，
藏傳佛香遠播開。

黃山（安徽省南部）

五岳神靈聚黃山，
千變雲海漫渾然；
蓮花光明天都峰，
天下無岳空靈禪。

武夷山（福建省西北部）

三三秀水清如玉，
六六奇峰插天奇；
玉女峰聳曲溪南，
生物多樣保珍稀。

阿里山（台灣省）

日出雲海有五奇，
鄒族瑪雅斯比祭；
蓊鬱俊美林森森，
一抹紅暈東方異。

廬山（江西省九江市）

白鹿理學在匡廬，
銀河飄落疊泉谷；
特有生靈中國型，
僧慧蓮社創淨土。

長白山天池（吉林省東南）

長白天池源三江，
仙女溫泉神奇香；
碧玉鑲嵌晴空淨，
神秘生靈引迷想。

天山天池（新疆省阜康線）

王母穆王瑤池宴，
定海神針現眼前；
一泓碧玉青山臥，
銀鏈飛瀉意象鮮。

納木錯

（西藏當雄和班戈縣境）

五方佛化納木錯，
渾然仙境莫云說；
無量功德繞湖行，
瑪尼經幡能解惑。

青海湖（青藏高原）

青色雲海聆仙樂，
遠近俯平不同色；
自然美景山透迤，
最是醉人湖畔澤。

喀納斯湖（新疆布爾津縣北部）

喀納斯湖神秘客，
藍綠紅橘變湖色；
活水彎月白樺景，
古稱天堂大家樂。

註：千百年來，傳說湖中有「湖怪」，尚未證實。

西湖（浙江省杭州市）

王母明珠落凡塵，
白蛇許仙恆傳神；
詩人蘇堤永懷念，
西湖十景憶良辰。

茶卡鹽湖（青海省）

茶卡鹽湖意是海，
璀燦明珠風采開；
鹽中之寶食千年，
海市蜃樓有神彩。

肇慶星湖（廣東省肇慶市）

西湖陽朔聚肇慶，
黃帝鑄鼎遊七星；
石室藏奇摩崖洞，
秀麗峰峻水月雲。

日月潭（台灣省南投縣）

寶島明珠日月潭，
風光古迹人稱讚；
民族法師存遺骨，
歌舞詩意夜闌珊。

洱海（雲南省大理白族自治州）

蒼山水光聞洱海，
三島四洲最多彩；
五湖九曲千古名，
白族發展大未來。

漓江

（廣西省桂林壯族自治區東北）

奇峰秀水在漓江，
灘潭飛瀑墨畫香；
奇峰倒影烟迷夢，
神仙洞府五彩亮。

廣西名仕園。
（陳鳳嬌 攝，2008年）

塔里木河（新疆維吾爾自治區塔里木盆地）

水上迷宮塔星木，
綠色走廊母親河；
濃蔭蔽日胡楊林，
無疆野馬愛天澤。

三江并流（雲南省西北部）

三江并流探雲南，
丹霞泉華澗險灘；
關鍵地帶生態庫，
淨土夢境我河山。

三江併流。

（雲南，洪玲妙　攝，2007年）

德天瀑布（廣西大新縣‧中越邊境）

德天瀑布跨兩國，
洪流滾滾飛燕愁，
嬌媚景致四季變，
唯美空靈不能說。

廣西德天瀑布，左半越南，右半中國。
（陳鳳嬌攝，2008年）

黃果樹瀑布（貴州省）

凌空飛流黃果樹，
萬馬奔騰萬人鼓；
千峰奇洞犀牛潭，
雄奇神州第一瀑。

壺口瀑布（山西省吉縣城）

壺口秋風千層浪，
自古旱地船奇航；
飛鳥不渡壺口關，
巨龍擺尾千年夯。

黃土高原（中國中部偏北）

黃土高原炎黃族，
千溝萬壑文化古；
文化復興救全球，
民族搖籃創鴻儒。

五彩灣（新疆維吾爾自治區）

火燒化石五彩城，
茫茫戈壁異彩燈；
天工畫藝現代派，
熊熊烈火霧繞昇。

小寨天坑

（四川省重慶市奉節縣）

地底世界有天窗，
岩溶漏斗地貌荒；
喀斯特谷天工奇，
天下一坑世無雙。

織金洞（貴州省織金縣東北）

童話世界織金洞，
天成國寶在洞中；
織金洞外無洞天，
環宇奇觀地下宮。

香格里拉（雲南省迪慶藏族自治州）

消失地平線示現，
香格里拉伊甸園；
四大教派幻仙境，
人間淨土雲南天。

香格里拉田園
（雲南，洪玲妙攝，2007年）

石林（雲南石林彝族自治縣）

莽蒼聳立黑森林，
劍戟插天黛剪影；
彝族寶地石林秀，
天地絕奇石絕景。

武陵源（湖南省西北部）

武陵源潭瀑泉谷，
洞穴學研究寶庫；
人間仙境生靈園，
霞日雪松神秘湖。

張家界。

九寨溝（四川省阿垻藏族羌族自治州）

張藝謀英雄幻夢，
九寨溝碧藍澈澄；
人間仙境夢江山，
熊貓鴛鴦情歌聲。

稻城

（四川省甘孜藏族自治州南部）

香格里拉傳稻城，
星羅棋布風景勝；
碧藍鑲玉珍珠海，
雲峰雪飛靈歌騰。

黃龍（四川省松潘縣）

千層碧水走黃龍，
金沙鋪地凌霄聲；
盤臥峻嶺天地絕，
人間瑤池神州風。

塔克拉瑪干沙漠

（新疆省塔里木盆地）

塔克拉瑪干沙漠，
茫茫河海叫人愁；
死海胡楊三千歲，
絲路遺址古村多。

將軍戈壁（新疆准噶爾盆地東部）

將軍戈壁唐軍情，
海市蜃樓刀劍影；
紅柳梭梭芨芨草，
魔鬼恐龍新聞新。

火焰山

（新疆吐魯番盆地北部）

紅日高燒火焰山，
老孫三借芭蕉扇；
絲路高昌回鶻王，
瓜果飄香水潺潺。

羅布泊（新疆若羌縣東北部）

樓蘭王國羅布泊，
早已壞滅剩骨頭；
湖泊山水已乾涸，
千年一嘆尚多惑。

烏爾禾魔鬼城

（新疆拉瑪依市烏爾河區）

烏爾禾鎮魔鬼城，
城中地府神無能；
自然景觀鬼斧工，
毛骨悚然鬼叫聲。

阿里（青藏高原北部羌塘高原核心地帶）

千山之巔的屋脊，
古格王國世珍奇；
世界中心萬川源，
朝山成佛莫懷疑。

鳴沙山（甘肅敦煌市西南）

鳴沙山中古來奇，
絲路敦煌在這裡；
月牙泉神靈更絕，
洗心山靈神情怡。

雅魯藏布大峽谷（西藏東南）

雅魯藏布大峽谷，
幽深奔騰到地府；
最後祕境在屋脊，
天下一彎神奇路。

長江三峽（瞿塘峽、巫峽、西陵峽）

三峽美景看不盡，
李白杜甫好心情；
新的能源育子民，
廿一世紀中國新。

太魯閣大峽谷（台灣省花蓮縣）

太魯大峽峰插天，
懸崖萬仞泉幽鮮；
中橫九曲念榮民，
東海畫廊峻峭險。

怒江大峽谷（中緬邊境）

中緬邊境怒江谷，
水無不怒石如虎；
絕壁飛瀑駿馬奔，
醇厚濃郁各民族。

祁連山草原（青海省與甘肅省交界）

祁連草原碧連天，
蒼茫浪漫意象鮮；
匈奴回鶻溶炎黃，
牛羊菜花舞翩翩。

垻上草原

（河北豐寧滿族自治縣）

秋高氣爽牛羊群，
駿馬奔騰如茵景；
綠野花香圖靜怡，
碧水潺潺茂密林。

呼倫貝爾草原（內蒙古、大興安嶺間）

呼倫貝爾大草原，
碧綠翡翠四季鮮；
牛羊馬群唱靈歌，
芳草連天河蜿蜒。

天涯海角

（海南省三亞市）

天涯真的有海角，
碧綠藍天烟波淼；
南天一柱懷蘇亭，
婆娑椰林影瀟瀟。

西沙群島

（海南省東南約330公里）

晶瑩剔透西沙景，
珊瑚簇簇氣象新；
彤彤晚霞舖滿天，
無限神秘撩思情。

鼓浪嶼（福建省廈門市）

音樂搖籃鼓浪嶼，
十三國殖民太奇；
萬國建筑博覽會，
有街無車靜怡兮。

亞龍灣（海南省南部）

天下獨一亞龍灣，
碧水藍天影帆船；
仙境勝過夏威夷，
沙柔風情心而軟。

東寨港紅樹林

（海南省瓊山）

海底森林在東寨，
綠色長城樹懷胎；
碧綠如黛繁衍生，
生生不息水去來。

香港

東方明珠真香港，
人香土香九七夯；
華燈初上怡然得，
濃妝淡抹仙女香。

平瑤古城（山西省中部）

平瑤古城華爾街，
黃帝蚩尤下戰帖；
古迹建筑都寶庫，
遊人如織錢不歇。

鳳凰古城（湖南土家族苗族自治州鳳凰縣）

湘西邊城歌悠然，
吊腳古樓漫龍潭；
最美小城唐明珠，
靜臥沱江深修禪。

麗江古城（雲南省麗江縣）

麗江古城奪天工，
金沙白族漢藏風；
歲月停格八百年，
麗水潺潺商旅通。

香格里拉的少數民族。
（雲南，洪玲妙攝，2007年）

皖南古村落（安徽省黃山市）

黟縣宏村群山環，
東方文化博物館；
明清建築野故宮，
臥虎藏龍劍影翻。

註：奧斯卡獎電影大片「臥虎藏龍」，很多鏡頭取景於此。

福建土樓

（福建、廣東、江西三省交界）

環型土樓世奇葩，
客家民族圖發達；
建筑史上展奇迹，
嚴防洋族鐵蹄躢。

開平碉樓（廣東省開平市）

開平碉樓頂穹窿，
中西藝術有大同；
羅馬歌德懸山頂，
渾然天成中國風。

烏鎮（浙江省桐鄉市）

商賈四集有烏鎮，
江南古鎮景傳神；
舟楫寥寥水閣漂，
吳越春秋夢遺沉。

屯溪老街（安徽省黃山市）

活的清明上河圖，
屯溪老街宋風古；
徽商徽派宋徽宗，
停格千年旅人福。

周庄（江蘇省昆山市）

中國水鄉在周庄，
千年古風人神往；
水陸平行河街鄰，
小橋流水景無双。

萬里長城

神龍萬里展雄風，
蜿蜒巍峨千年聳；
天下第一山海關，
和平生存而不攻。

北京故宮

華夏寶物滿故宮，
國家分裂變成空；
一九四九大搬風，
寶物何時回宮中。

天壇（北京崇文區西南）

皇帝祭天在天壇，
宇宙圓形想當然；
壇廟建築世奇絕，
一統天下一江山。

布達拉宮（西藏拉薩市）

唯美神殿布達拉，
文成公主功勞大；
佛教聖地普陀山，
漢藏一家佛菩薩。

承德避暑山莊（河北省承德市）

北疆指揮也避暑，
皇家園林最翹楚；
普陀宗乘布達拉，
世界遺產神州圖。

孔廟孔府孔林

（山東省曲阜市）

高祖劉邦太牢祭，
開創祭孔舞八佾；
至聖先師奎星閣，
舉世一族亦唯一。

武當山古建築群（湖北省丹江口市）

雄奇險秀幽武當，
道家仙山日月長；
真武大帝紫霄宮，
採藥煉丹神仙夯。

雲岡石窟（山西省大同市）

雲岡石窟世無双，
藝術寶庫真輝煌；
飛天樂舞菩提樹，
見性成佛各有方。

龍門石窟（河南省洛陽伊河岸）

龍門石窟古勝景，
盧舍那佛現真情；
蓮花石刻花盛開，
釋迦牟尼法恆新。

大足石刻

（四川省重慶市大足縣）

大足石刻鑿哲學，
儒佛道經千年邂；
菩薩雍容破時空，
中華各族情繾綣。

蘇州園林（江蘇省蘇州市）

中華文化意象園，
亭台樓閣廊開軒；
意境深邃超自然，
古典主義月娟娟。

頤和園（北京海淀區）

古典婉約頤和園，
移天縮地真花錢；
西方列強偷盜搬，
麒麟神牛鎮萬年。

北京頤和園，十七孔橋。

明清皇家陵寢建築群

（江蘇、北京、湖北、河北、遼寧）

皇家陵墓勢磅礴，
身子躺下差不多；
人潮磅礴拼經濟，
今人賣祖好過活。

都江堰（四川省成都市）

李冰父子果然神，
都江堰成經濟昇；
千百年來天俯國，
水利奇迹世堪稱。

坎兒井（新疆省吐魯番）

地下長城有萬里，
千年工程都說奇；
茫茫戈壁變果園，
維吾子民創神迹。

京杭大運河

（北京到杭州貫通六省市）

大運河連大一統，
南北貫通經濟動；
聯結六省接古今，
大業尚在榮華空。

元陽梯田（雲南省元陽縣）

元陽哀牢七民族，
崇山峻嶺分層住；
巧奪天工一系統，
自然人文熔一爐。

大興安嶺（內蒙古及黑龍江北）

大興安嶺綠寶庫，
林農資源大聚儲；
鄂溫克和鄂倫春，
半農半獵善歌舞。

神農架（湖北、陝西、四川三省交界）

神農架留神腳印，
四季妙景妙神情；
中國鴿子即珙桐，
華中林海聳脊嶺。

西雙版納

（雲南省西南端）

西雙版納三王國，
動物植物藥材多；
傣族奇風濃郁情，
唯美自然莫云說。

四姑娘山

（四川省西部小金、汶川兩縣間）

四姑娘山講唯美，
銀光泉瀑秀不絕；
姿容飄逸美少女，
雲纏霧繞白紗雪。

梵淨山（貴州省江口、松桃、印江三縣交界）

梵天淨土靈山秀，
金絲猴在此得救；
懸瀑飛瀉鳳凰山，
金頂佛光好禪修。

扎龍（黑龍江省齊齊哈爾市）

鶴的故鄉在扎龍，
珍禽天堂最得寵；
丹頂仙鶴祥長壽，
遠眺尚有鷺鸛鴻。

臥龍（四川省汶川縣）

臥龍國寶是熊貓，
為兩隻貓台灣燒；
白唇鹿和金絲猴，
小馬新政都來好。

東方小巴黎哈爾濱（黑龍江省）

俏麗之城哈爾濱，
松花玉帶柳樹新；
音樂冰城天下聞，
中西合璧嫵媚情。

足球槐花服裝城大連（遼寧省）

最適人居在大連，
烟波浩渺三海間；
四季花海零污染，
旖旎奇麗異從前。

東方瑞士青島（山東省）

紅瓦綠樹海天藍，
東方瑞士山水湛；
秦皇徐福田橫事，
旅人迷醉到嶗山。

近代中國縮影上海（長江三角洲）

近代中國有窗口，
革命造反一條河；
中西交匯展新局，
當代明珠新特色。

澳門（廣東省珠江口西南）

天下賭王在澳門，
賭聖之上有賭神；
中西合璧很迷人，
一夜致富可能真。

輯四

涿鹿神州

為何而戰？

涿鹿之戰

（前二六九八年）

黃帝蚩尤涿鹿戰，
華夏文明意不凡；
從此神州一共主，
萬世一統有多難？

湯放桀鳴條之戰

（前一七六六年）

無道昏君獨夏桀，
腐敗墮落偷苟且；
人民革命基本權，
典範彌新亙湯崛。

武王伐紂牧野之戰

（前一一二二年）

紂王無道如阿扁，
日夜胡搞妻妖奸；
女媧姜子牙生氣，
武王伐紂都全殲。

宋楚泓水之戰

（周襄王十四年、前六三八年）

宋襄公自命仁者，
楚軍半渡不擊扯；
列陣未畢也不戰，
宋軍慘敗無奈何！

晉楚城濮之戰

（周襄王廿年、前六三二年）

晉楚兩軍戰城濮，
中原板蕩人心浮；
晉勝楚敗夏文化，
海洋文化屬荊楚。

晉楚邲之戰

（周定王十年、前五九七年）

晉軍不合口交輸，
孫叔敖有謀強楚；
楚王祭河威中原，
晉景公雄才圖復。

晉楚鄢陵（河南鄢陵）之戰（周簡王十一年、前五七五年）

晉國戰略在圖霸，
大略陷楚苦哈哈；
鄢陵決戰霸業成，
子反自責去自殺。

註：「大略」即「大戰略」，子反是楚軍戰地指揮官，因戰敗自殺。

伊闕（今洛陽南）之戰

（周赧王廿二年、前二九三年）

秦將白起殲魏韓，
廿四萬首級被斬；
齊王東帝正快活，
遠交近攻六國頊。

秦拔郢城

（湖南江陵）

（周赧王卅七年、前二七八年）

楚政腐敗放屈原，
白起大軍奇兵殲；
十萬楚軍頭落地，
楚王出逃老命懸。

秦滅趙長平會戰

（約山西長治北、周赧王五十五年、前二六〇年）

秦昭襄王大戰略，
王齕白起又心黑；
趙王趙括都無能，
四十五萬娘傷悲。

秦滅趙之戰

（秦王政十年到十九年）

始皇野略大操盤，
王翦三攻趙邯鄲；
李牧用兵打平手，
趙王昏庸不亡難。

註：「野略」，即野戰戰略。

秦滅燕魏齊楚

（秦王政廿年到廿六年）

韓恤民命先投降，
荊軻刺秦留榜樣；
齊王不戰也稱臣，
六國皆亡中國強。

秦軍與項羽鉅鹿之戰

（秦二世三年、前二〇八年）

秦皇一死趙高囂，
同今邱義仁肖笑；
項羽鉅鹿戰秦軍，
章邯投降秦庭祅。

劉邦入秦之戰

（秦二世三年、前二〇七年）

劉邦萬人進咸陽，
獲得民心自然強；
藍田一戰子嬰降，
趙高邱某早變樣。

楚漢垓下會戰

（楚漢五年、前二〇二年）

韓信灑豆成神兵，
所向無敵殲項軍；
項羽垓下江邊死，
和平統一是民心。

漢匈上谷之戰

（漢元光六年、前一二九年）

國家安全靠女人，
和親政策免強忍；
武帝決心硬起來，
衛青上谷斬魔神

霍去病取河西及祁連山

（漢元狩二年、前一二一年）

霍去病隴西擒王，
迂迴機動敵重創；
公孫敖合騎會師，
祁連山上敬吾皇。

漢軍漠北戰匈奴

（漢元狩四年、前一一九年）

漢武帝夢幻編組，
右騎衛青出蒙古；
霍去病左出代郡，
十萬敵首掉頭顱。

漢匈決戰

（漢征和三年、前九〇年）

阿爾泰山平秋色，
李廣利敗無光澤；
單于嫁女双休戰，
百年大戰族溶合。

劉秀復國

（西元廿五～三十六年）

王莽三一九竊國，
搞貪腐幾個年頭；
光復中興得民心，
警政壇人勿竊偷。

班超征西域

（西元七十三年～九一年）

三十六人馬西征，
五十五國臣服成；
政軍齊用双管下，
信念智慧一定能。

赤壁之戰

（漢建安十三年、二〇八年）

統一機制又啟動，
曹操百萬若群龍；
一個驕字敗赤壁，
孫劉十萬加東風。

孔明五次北伐

（西元二二七年～二三四年）

漢賊自古不兩立，
神州共主古來一；
幾次反攻都失敗，
出師表中說定律。

祖逖北伐

（西晉建興元年、三一三年）

偏安政權都不安，
五胡二十二國饞；
祖逖一人空北伐，
桓溫北伐難上難。

淝水之戰

（東晉太元八年、三八三年）

統一機制又啟動，
苻堅百萬勢如風；
謝家孩兒八萬兵，
有胆有智爭一中。

唐太宗征高麗

（唐貞觀十八年～廿三年）

箕子封國搞獨立，
玩統獨文字玩戲；
太宗生氣征高麗，
法源寺裡留正氣。

後晉石敬塘賣國取位

（後晉天福元年、九三六年）

石敬塘像陳水扁，
竊大位搞十億錢；
賣國割地換大位，
古來偷盜不新鮮。

周世宗親征南唐

（後周顯德二年、九五五年）

雄才大略周世宗，
親征一統不久薨；
孤兒寡婦周恭帝，
趙匡胤起年建隆。

宋遼之戰

（九七九年～九九九年）

遼族崛起覬華夏，
大宋軍人軟腳蝦；
割地賠款稱兄弟，
澶淵之盟君昏瞎。

宋夏百年戰事

（九八二年～一一二七年）

西夏小國打遊擊，
宋軍無力棋不舉；
打打談談拖百年，
北宋亡時人財虛。

宋金之戰

（一一二五年～一一四一年）

女真南侵真是惑，
殺掉岳飛可遠禍；
高宗秦檜顧大位，
昏君漢奸同一夥。

宋蒙之戰

（一二三四年～一二七九年）

無敵戰神鐵木真，
大宋快垮已無神；
忠臣帝昺願赴死，
成仁取義入聖賢。

註：忠臣指文天祥、陸秀夫等人，帝昺是宋朝最後一個皇帝趙昺，死時才八歲。西元一二七九年二月蒙古軍追到厓山（今廣東新會縣南），陸秀夫背着這八歲的小朋友，跳海而死。

元太祖西征

（一二一九年～一二二五年）

孤兒寡婦展雄圖，
天才戰略誰不服？
滅金夏宋與西征，
西人哄兒不敢哭。

窩闊台西征

（一二三六年～一二四一年）

拔都奉命再西征，
血流成渠俄焚城；
再殲波日波聯軍，
英雄友愛兄弟能。

註：拔都征俄國後，有日爾曼，波希米亞，波蘭組成「波日波」聯軍抗蒙古軍，均被全殲。拔都也是所有成吉思汗子孫中，最能友愛兄弟之人，欽察汗國是他所建立。

旭烈兀統軍三征

（一二五二年～一二五九年）

統軍三征旭烈兀，
降巴格達諸民族；
地中海國震翻天，
四大汗國拼贏輸。

朱元璋北伐統一

（一三六七年～一三九八年）

摧枯拉朽元氣盡，
北伐統一首例行；
孔孫希學迎王師，
漢族復興氣象新。

註：朱元璋起義建大明朝，史稱「漢族復興之戰」。我國地緣戰略有一「神話」，南征易而北伐難，朱元璋的北伐統一是成功的首例，民國十八年蔣公北伐統一是第二例，餘無成功者。

燕王篡位之戰

（一三九九年～一四〇二年）

燕王篡位成明祖，
大儒方孝孺不服；
成王敗寇很弔詭，
至死不詔誅十族。

明成祖征蒙古

（一四一〇年～一四一四年）

成祖雄才征蒙古，
黃沙萬里敵飄忽；
五次劬勞戰場崩，
鄭和揚威算平服。

漢倭奴王國（日本）首次侵華（一五九二年～一五九九年）

豐臣秀吉白日夢，
併中朝亞洲主盟；
中日朝鮮七年戰，
無數人命成犧牲。

倭奴王國（日本）二次侵華（一八七一年～一八九五年）

田中奏摺征服論，
先奪朝鮮握乾坤；
甲午一戰取台灣，
倭奴小偷果然神。

倭奴王國（日本）三次侵華（一九三八年～一九四五年）

鬼子吃飽又手癢，
八年戰火一個樣；
燒殺擄掠屠城姦，
劣質物種到處搶。

倭奴侵略成性

菊花與劍儒或侏？
強綁女人慰安婦；
擾隣成性搞女人，
壞事做盡不盡書。

註：美國人類學家潘乃（Ruth Benedict），在其名著《菊花與劍》（The Chrysanthemum and the Sword）論述，日本人侵略成性，人類學的原因，在各類人種中最欠缺人性。但他們表現於外是彬彬有禮，故心中滿是衝突，侵略屠殺成唯一「出口」。

鄭成功收復台灣之戰

（明永曆十五年、一六六一年）

台灣之父鄭成功，
收回台灣反攻中；
兩腿一蹬子台獨，
洪門相承正氣風。

薩爾滸之戰

（明萬曆四十七年、一六一九年）

努爾哈赤五萬兵，
對四十萬明大軍；
內線作戰善揮灑，
有了戰略滿清興。

註：薩爾滸（位今撫順東約百里）之戰，努爾哈赤擅用「內線作戰」，為戰史上的經典作品。

澎湖海戰

（清康熙廿二年、一六八三年）

康熙大帝用施琅，
閏六月降鄭克塽；
中國終歸又統一，
台獨聽來真是傷。

清代俄人侵華

俄人侵華有辦法，
恰克圖璦琿狡猾；
沒完沒了北京約，
搞的清庭皮皮剉。

鴉片戰爭

（一八三九年～一八四一年）

英國公然運鴉片，
土匪強盜強賣烟；
清庭腐敗無戰力，
割地丟人又賠錢。

太平天國起義

（一八五一年～一八六四年）

洪秀全稱像上帝，
起義造反都合理；
可惜欠缺國際觀，
裝神弄鬼不爭氣。

八國聯軍攻北京

（清光緒廿六年、一九〇〇年）

十四大盜來搬錢，
天文賠款腳目淹；
亡國之君沒雞雞，
歷史舞台不新鮮。

註：八國聯軍，但戰後拿銀有俄、德、法、英、日、美、意、比、奥、荷、西、葡、瑞及挪威，共十四國，賠款外加利息，又因我國「銀本位」制，換算西洋「金本位」制，辛丑賠款史稱「天文數字賠款」。

日俄戰爭

（一九〇四年～一九〇五年）

俄日打架到我家，
滿清昏庸老娘瞎；
東北子民真倒霉，
亡國亡種民抵押。

國民革命

四大寇是革命家，
秋瑾是民族女俠；
黃花崗役雲變色，
武昌一役新華夏。

國共內戰

是不是造反誰說？
有沒有篡竊也惑！
再過百年春秋筆，
公平正義有定奪。

本輯附記：以上各戰役的發生過程、各方用兵及戰略分析，詳見本書作者另著，《中國歷代戰爭新詮》，時英出版社，二〇〇六年七月出版。